sekolah - shkolla	2
berjalan - udhëtim	5
pengangkutan - transport	8
bandar - qytet	10
landskap - peisazh	14
restoran - restorant	17
pasar raya - supermarket	20
minuman - pije	22
makanan - ushqim	23
ladang - fermë	27
rumah - shtëpi	31
ruang tamu - dhomë ndenjeje	33
dapur - kuzhinë	35
bilik air - tualet	38
bilik kanak-kanak - dhomë fëmijësh	42
pakaian - veshje	44
pejabat - zyrë	49
ekonomi - ekonomi	51
pekerjaan - profesionet	53
alat - mjete	56
alat muzik - instrumenta muzikorë	57
zoo - kopsht zoologjik	59
sukan - sportet	62
aktiviti - aktivitet	63
keluarga - familje	67
badan - trupi	68
hospital - spital	72
kecemasan - emergjencë	76
bumi - toka	77
jam - orë	79
minggu - javë	80
tahun - vit	81
bentuk - forma	83
warna - ngjyra	84
berlawanan - të kundërta	85
nombor - numra	88
bahasa-bahasa - gjuhët	90
siapa / apa / bagaimana - kush / çfarë / si	91
di mana - ku	92

AF187610

Impressum
Verlag: BABADADA GmbH, Nedderfeld 112 , 22529 Hamburg
Geschäftsführer / Verlagsleitung: Harald Hof
Druck: Books on Demand GmbH, In de Tarpen 42, 22848 Norderstedt

Imprint
Publisher: BABADADA GmbH, Nedderfeld 112 , 22529 Hamburg, Germany
Managing Director / Publishing direction: Harald Hof
Print: Books on Demand GmbH, In de Tarpen 42, 22848 Norderstedt, Germany

sekolah
shkolla

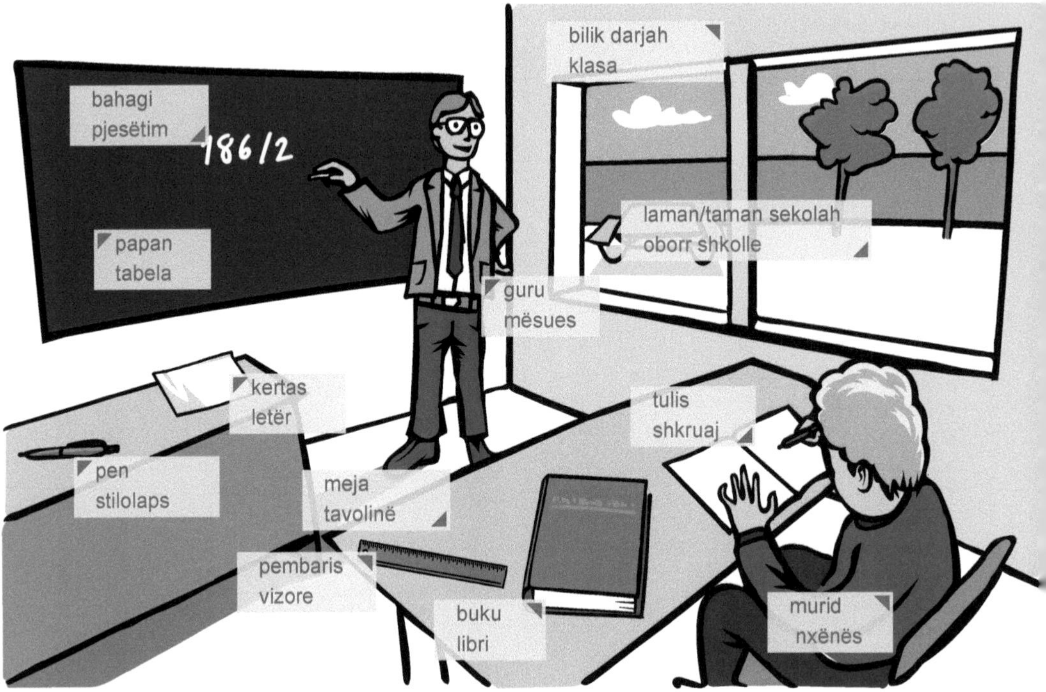

bilik darjah
klasa
bahagi
pjesëtim
186/2
papan
tabela
laman/taman sekolah
oborr shkolle
guru
mësues
kertas
letër
tulis
shkruaj
pen
stilolaps
meja
tavolinë
pembaris
vizore
buku
libri
murid
nxënës

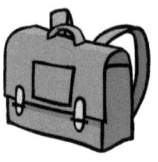

beg galas

çantë

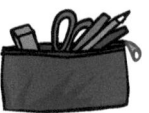

kotak pensel

mbajtëse lapsash

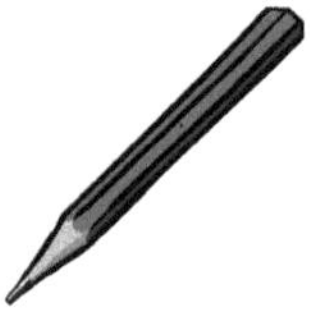

pensel

laps

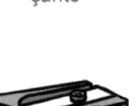

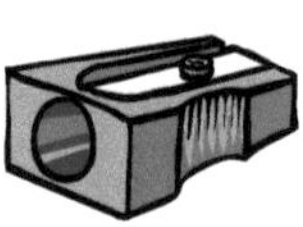

pengasah pensel

mprehës lapsash

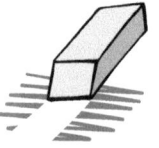

pemadam

gomë

kertas lukisan

fletore vizatimi

melukis

vizatim

berus lukis

penel

kotak warna

kuti bojërash

gunting

gërshërë

gam

ngjitës

buku latihan

fletore detyrash

kerja rumah

detyrë shtëpie

nombor

numër

tambah

mbledh

tolak

zbres

darab

shumëzoj

kira

llogaris

huruf

gërmë

abjad

alfabeti

kata

fjalë

teks
tekst

baca
lexoj

kapur
shkumës

pelajaran
mësim

daftar
regjistër

peperiksaan
provim

sijil
çertifikatë

uniform sekolah
uniformë shkolle

pendidikan
arsimim

ensiklopedia
enciklopedia

universiti
universitet

mikroskop
mikroskop

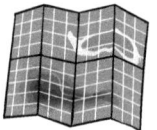

peta
hartë

bakul sampah
kosh letrash

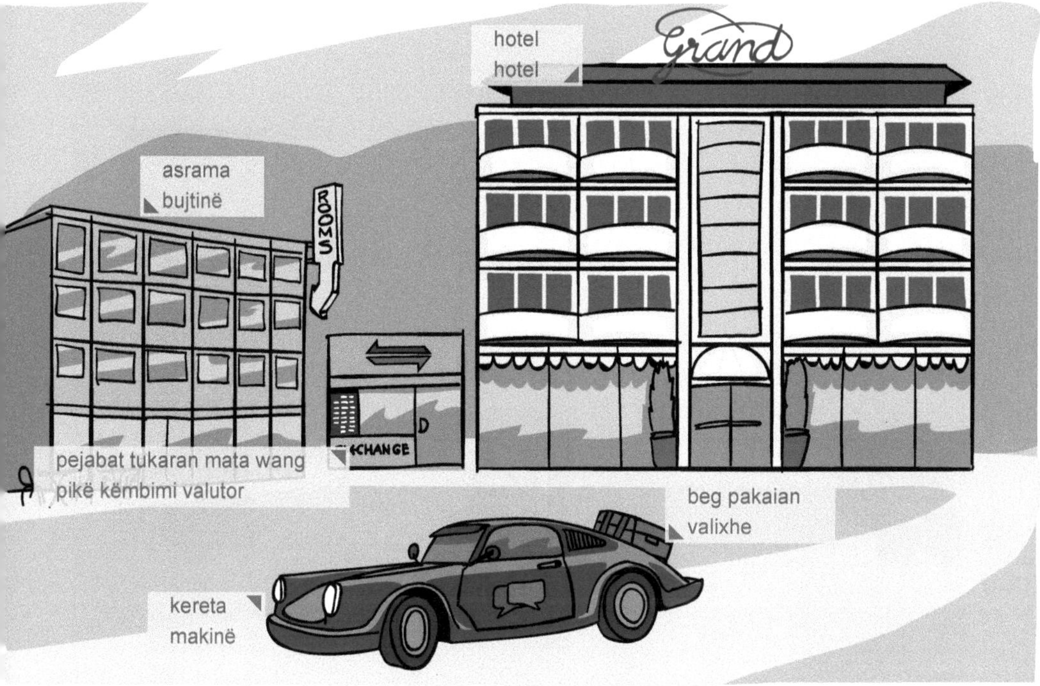

hotel
hotel
Grand
asrama
bujtinë
ROOMS
EXCHANGE
pejabat tukaran mata wang
pikë këmbimi valutor
beg pakaian
valixhe
kereta
makinë

bahasa

gjuhë

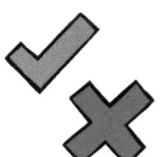

ya / tidak

po / jo

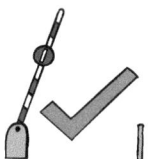

okey

Në rregull

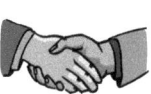

helo

ç'kemi

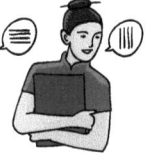

penterjemah

përkthyes

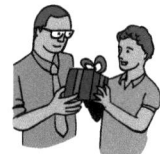

Terima kasih

Faleminderit

berapa banyak...?

sa kushton...?

saya tidak faham

nuk e kuptoj

masalah

problem

Selamat petang!

Mirëmbrëma!

Selamat Pagi!

Mirëmëngjes!

Selamat Malam!

Natën e mirë!

selamat tinggal

mirupafshim

arah

drejtim

bagasi

bagazhet

beg

çantë

beg galas

çantë shpine

tetamu

mysafir

bilik tidur

dhomë

beg tidur

thes gjumi

khemah

tendë

maklumat pelancong

informacion për turistët

pantai

plazh

kad kredit

kartë krediti

sarapan

mëngjes

makan tengah hari

drekë

makan malam

darkë

tiket

Biletë

lif

ashensor

setem

pulla

sempadan

kufi

kastam

doganë

kedutaan

ambasadë

visa

vizë

pasport

pasaportë

pengangkutan
transport

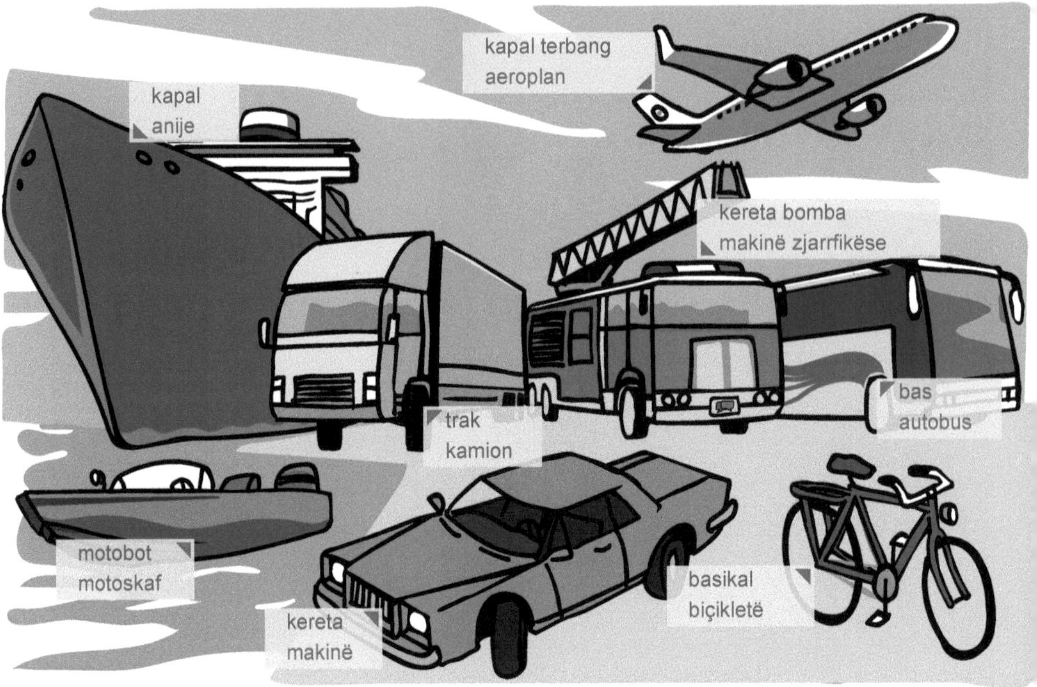
kapal terbang
aeroplan
kapal
anije
kereta bomba
makinë zjarrfikëse
bas
autobus
trak
kamion
motobot
motoskaf
basikal
biçikletë
kereta
makinë

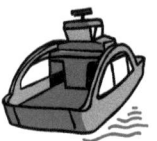

feri

traget

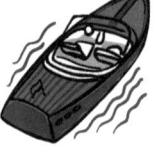

bot

varkë

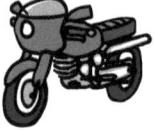

motosikal

motoçikletë

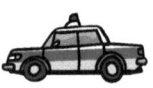

kereta polis

makinë policie

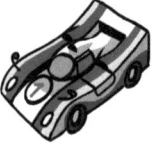

kereta lumba

makinë garash

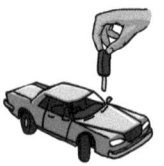

kereta sewa

makinë me qira

berkongsi kereta

ndarje e qirasë së makinës

trak tunda

karroatrec

trak menolak

makinë plehrash

motor

motor

bahan api

benzinë

stesen minyak

pikë karburanti

tanda trafik

sinjalistikë trafiku

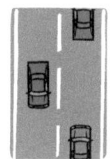

trafik

trafik

kesesakan lalu lintas

bllokim trafiku

tempat parkir

parkim makinash

stesen kereta api

stacion treni

trek

trase

kereta api

tren

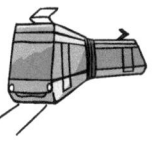

trem

tramvaj

gerabak

karro

helikopter

helikopter

lapangan terbang

aeroport

Menara

kullë

penumpang

pasagjer

bekas

kontenier

kadbod

kuti kartoni

kart

qerre

bakul

shportë

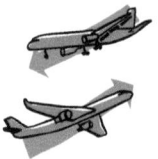

berlepas / mendarat

ngrihem / ulem

bandar

qytet

kampung

fshat

pusat bandar

qendra e qytetit

rumah

shtëpi

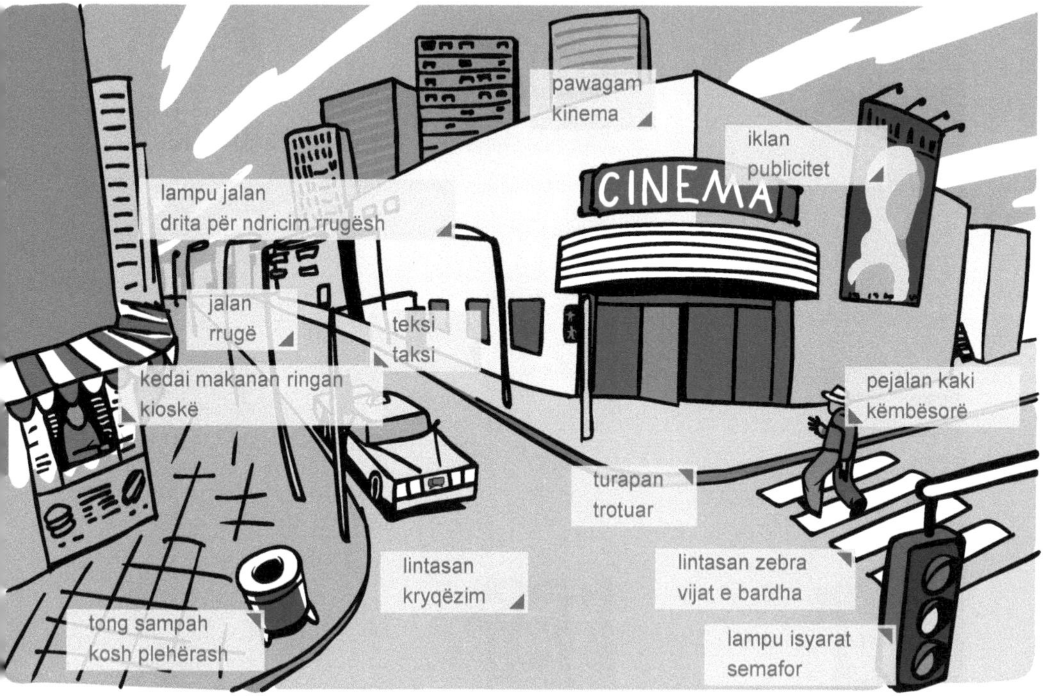

pawagam
kinema

iklan
publicitet

lampu jalan
drita për ndricim rrugësh

CINEMA

jalan
rrugë

teksi
taksi

kedai makanan ringan
kioskë

pejalan kaki
këmbësorë

turapan
trotuar

lintasan
kryqëzim

lintasan zebra
vijat e bardha

tong sampah
kosh plehërash

lampu isyarat
semafor

pondok

kasolle

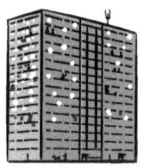

flat

apartament

stesen kereta api

stacion treni

dewan bandar

bashki

muzium

muze

sekolah

shkolla

universiti

universitet

bank

bankë

hospital

spital

hotel

hotel

farmasi

farmaci

pejabat

zyrë

kedai buku

librari

kedai

dyqan

kedai bunga

dyqan lulesh

pasar raya

supermarket

pasaran

market

gedung

mapo

penjual ikan

dyqan peshku

pusat membeli-belah

qëndër tregtare

pelabuhan

port

taman
park

bangku
stol

jambatan
urë

tangga
shkallë

bawah tanah
metro

terowong
tunel

hentian bas
stacion autobuzi

bar
bar

restoran
restorant

peti surat
kuti postare

papan tanda jalan
sinjalistikë rrugore

meter parkir
kohëmatës parkimi

zoo
kopsht zoologjik

kolam renang
pishinë

masjid
xhami

ladang
fermë

pencemaran
ndotje

tanah perkuburan
varrezë

gereja
kishë

taman permainan
shesh lojërash

kuil
tempull

landskap
peisazh

daun
gjethe

tiang tanda
tabela orientuese

jalan
rrugë

padang rumput
livadh

batu
gurë

pokok
pemë

pejalan kaki
ekskursionist

sungai
lumë

rumput
bar

bunga
lule

lembah

luginë

bukit

kodër

tasik

liqen

hutan

pyll

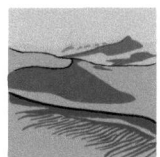

padang pasir

shkretëtirë

gunung berapi

vullkan

istana

kështjellë

pelangi

ylber

cendawan

kepudhë

pokok kelapa sawit

palmë

nyamuk

mushkonjë

terbang

mizë

semut

milingonë

lebah

bletë

labah-labah

merimangë

landskap - peisazh

kumbang

brumbull

katak

bretkosë

tupai

ketër

landak

iriq

arnab

lepur

burung hantu

buf

burung

zog

angsa

mjellmë

babi jantan

derr i egër

rusa

dre

moose

dre brilopatë

empangan

digë

turbin angin

turbinë ere

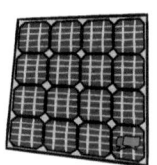

panel solar

panel diellor

iklim

klimë

restoran

restorant

pelayan
kamarier
menu
menu
kerusi
karrige
sup
supë
piza
pica
kutleri
set ngrënieje
alas meja
mbulesë tavoline

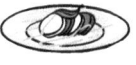

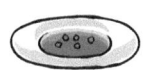

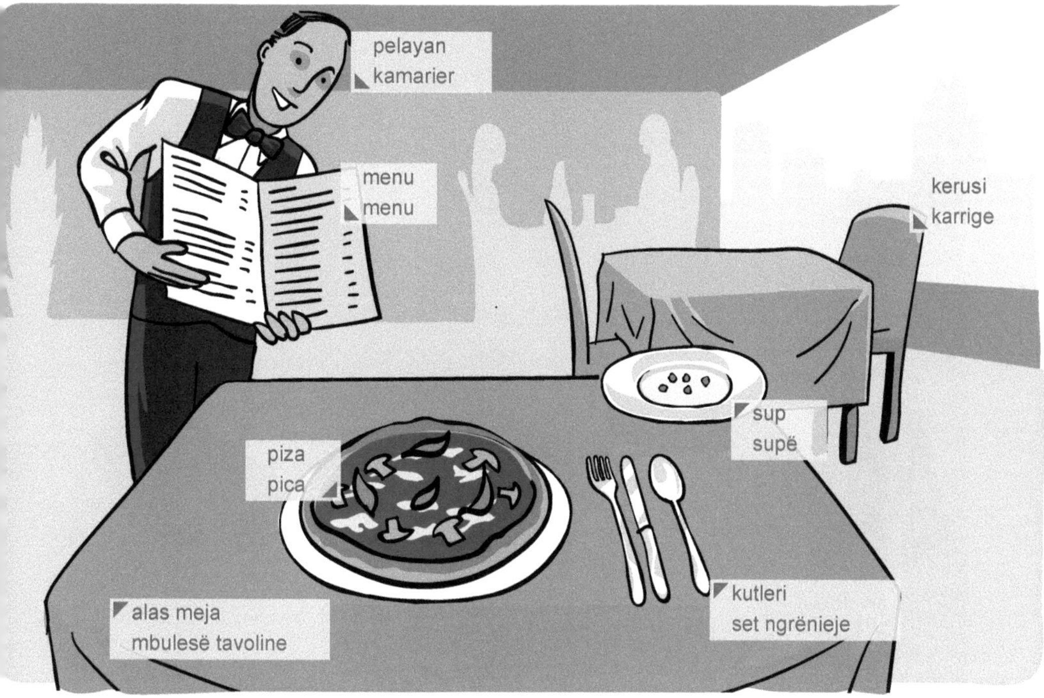

pemula

pjatë e parë

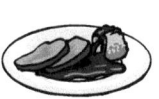

hidangan utama

pjatë kryesore

pencuci mulut

ëmbëlsirë

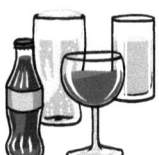

minuman

pije

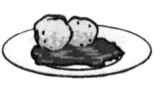

makanan

ushqim

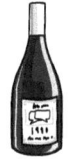

botol

shishe

makanan segera

ushqim i shpejtë

makanan jalanan

ushqim i shërbyer në rrugë

teko

ibrik çaji

mangkuk gula

kuti sheqeri

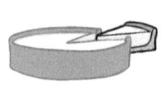

bahagian

racion

mesin espreso

makinë kafeje ekspres

kerusi tinggi

karrige e lartë

bil

faturë

dulang

tabaka

pisau

thika

garfu

pirun

sudu

lugë

sudu teh

lugë çaji

serviette

pecetë

gelas

gotë

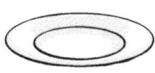

pinggan
pjatë

mangkuk sup
pjatë supe

piring
pjatë filxhani

sos
salcë

tempat garam
mbajtëse kripe

pengisar lada
mulli piperi

cuka
uthull

minyak
vaj

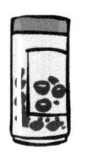

rempah
erëza

sos
keçap

mustard
mustardë

mayones
majonezë

pasar raya

supermarket

tawaran istimewa
ofertë speciale
FOR
pelanggan
klient
tenusu
produkte bulmeti
buah-buahan
frut
troli
karrocë pazari

BUTCHERS

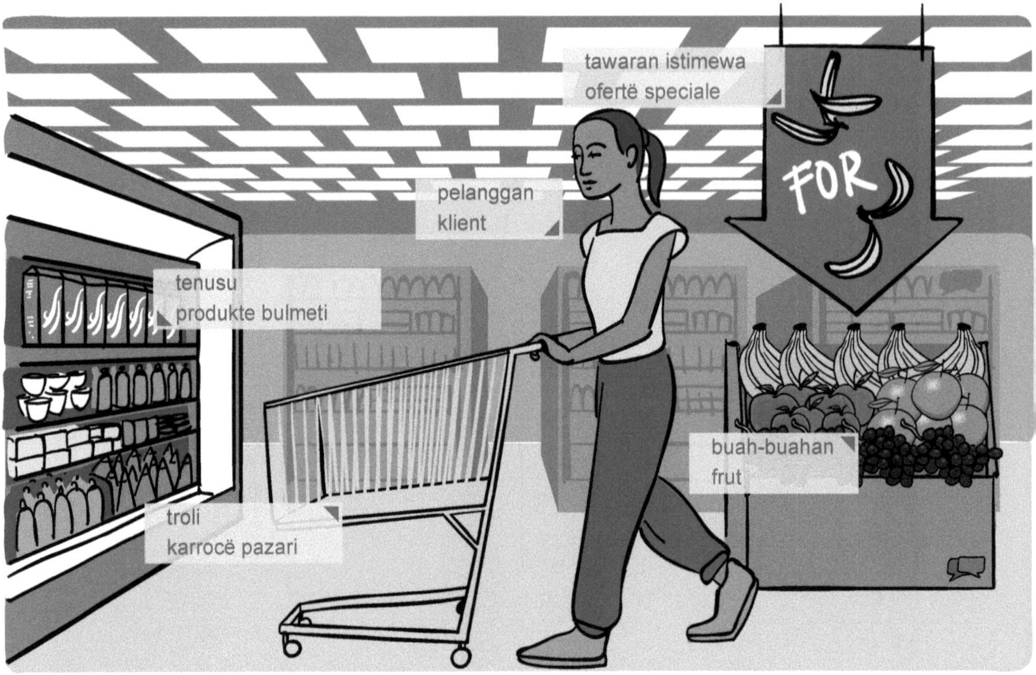

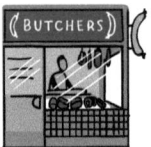

tukang daging

dyqan mishi

BAKERY

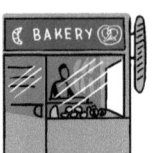

kedai roti

furrë buke

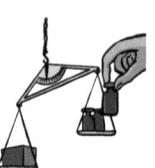

berat

peshoj

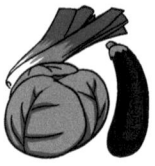

sayur-sayuran

perime

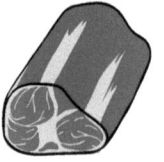

daging

mish

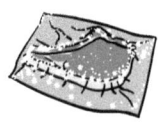

makanan sejuk beku

ushqim i ngrirë

daging sejuk
copë

makanan dalam tin
ushqim i konservuar

serbuk pencuci
pluhur larës

gula-gula
ëmbëlsirat

produk isi rumah
prodhime shtëpie

produk pembersihan
produkte pastrimi

orang jualan
shitëse

daftar tunai
kasë fiskale

juruwang
arkëtar

senarai membeli-belah
listë blerjeje

waktu pembukaan
oraret e punës

beg duit
portofol

kad kredit
kartë krediti

beg
çantë

beg plastik
qese plastike

air

ujë

jus

lëng frutash

susu

qumësht

kola

koka-kola

wain

verë

bir

birrë

alkohol

alkool

koko

kakao

the

çaj

kopi

kafe

espreso

kafe ekspres

kapucino

kapuçino

pisang

banane

epal

mollë

oren

portokalle

tembikai

pjepër

lemon

limon

lobak merah

karrotë

bawang putih

hudhër

buluh

bambu

bawang

qepë

cendawan

kërpudha

kacang

arra

mi

makarona

spageti

spageti

nasi

oriz

salad

sallatë

kerepek

patate të skuqura

kentang goreng

patate të skuqura

piza

pica

hamburger

hamburger

sandwic

sanduiç

kutlet

shnicel

ham

proshutë

salami

sallam

sosej

salçiçe

ayam

pulë

panggang

skuq

ikan

peshk

bubur oat

tërshërë

muesli

drithëra

emping jagung

kornfleiks

tepung

miell

kroisan

kruasant

roti roll

panine

roti

bukë

roti bakar

tost

biskut

biskotë

mentega

gjalp

dadih

gjizë

kek

tortë

telur

vezë

telur goreng

vezë sy

keju

djathë

ais krim

akullore

gula

sheqer

madu

mjaltë

jem

marmaladë

krim nougat

çokokrem

kari

këri

ladang
fermë

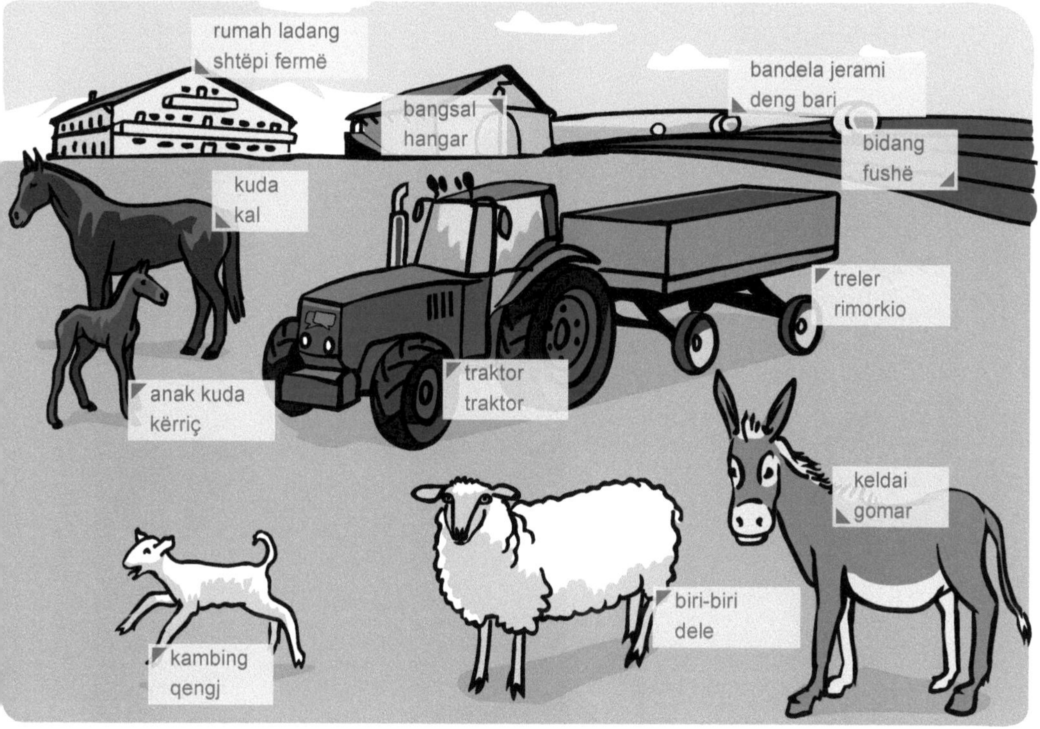
rumah ladang
shtëpi fermë
bangsal
hangar
bandela jerami
deng bari
bidang
fushë
kuda
kal
treler
rimorkio
anak kuda
kërriç
traktor
traktor
keldai
gomar
biri-biri
dele
kambing
qengj

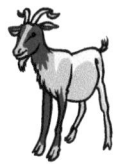

kambing

dhi

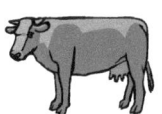

lembu

lopë

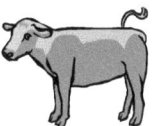

anak lembu

viç

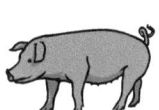

babi

derr

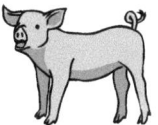

anak babi

derrkuc

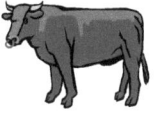

lembu

dem

angsa
patë

itik
rosë

anak ayam
zog pule

ayam betina
pulë

ayam jantan muda
gjel

tikus
mi

kucing
mace

tikus
mi

lembu jantan
buall

anjing
qen

rumah anjing
kolibe qeni

hos taman
zorrë vaditëse

bekas siraman
vaditëse

sabit
kosë

bajak
plug

sabit

drapër

cangkul

shat

serampang peladang

kosa

kapak

sëpatë

kereta sorong

karrocë

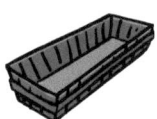

palung

govatë

tin susu

bidon qumështi

karung

thes

pagar

gardh

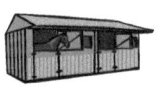

stabil

ahur

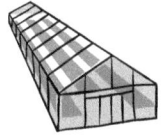

rumah hijau

serë

tanah

dhe

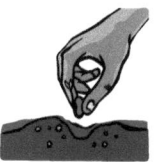

benih

farë

baja

pleh

jentuai

autokombanjë

ladang - fermë

tuai

korr

menuai

te korrat

keladi

patate e ëmbël "Yam"

gandum

grurë

soya

soja

kentang

patate

jagung

misër

biji sawi

raps

pokok buah-buahan

pemë frutore

ubi kayu

zhardhok manioku

bijirin

drithëra

rumah
shtëpi

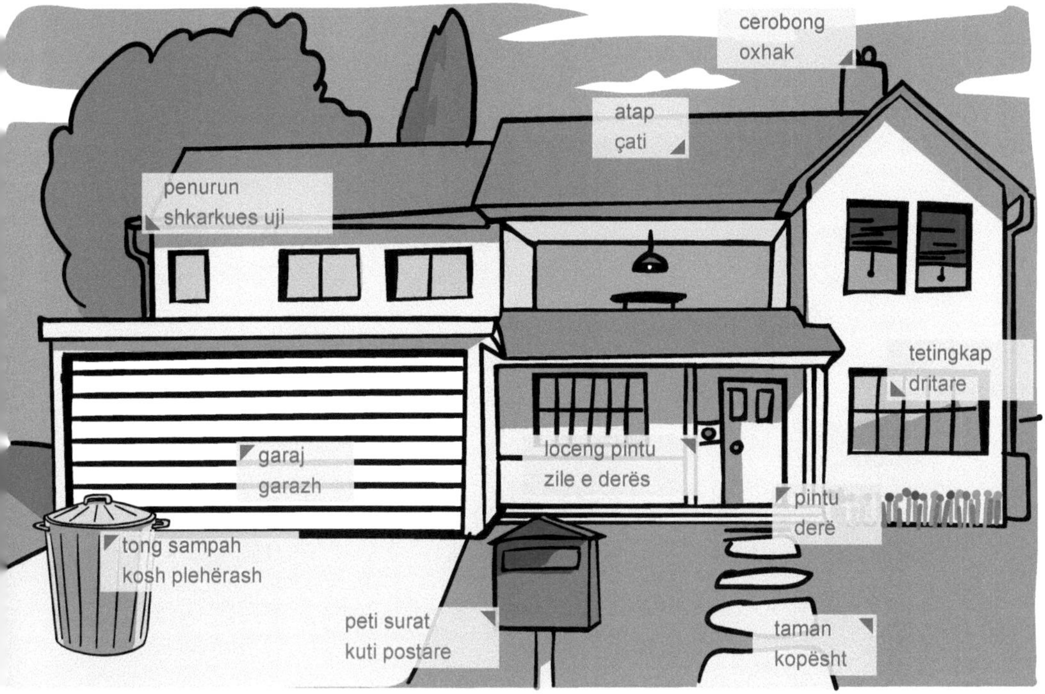
cerobong
oxhak
atap
çati
penurun
shkarkues uji
tetingkap
dritare
garaj
garazh
loceng pintu
zile e derës
pintu
derë
tong sampah
kosh plehërash
peti surat
kuti postare
taman
kopësht

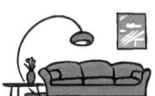

ruang tamu

dhomë ndenjeje

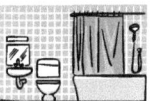

bilik air

tualet

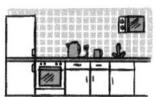

dapur

kuzhinë

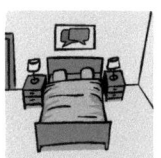

bilik tidur

dhomë gjumi

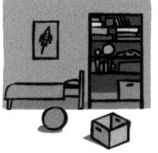

bilik kanak-kanak

dhomë fëmijësh

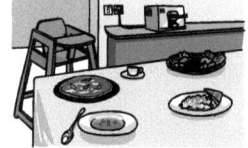

ruang makan

dhomë ngrënieje

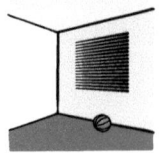

lantai

dysheme

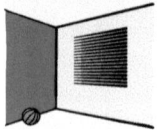

dinding

mur

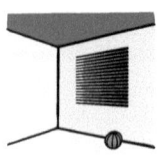

siling

tavan

bilik bawah tanah

bodrum

sauna

sauna

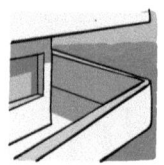

balkoni

ballkon

teres

tarracë

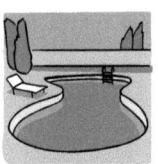

kolam renang

pishinë

pemotong rumput

kositëse bari

lembaran

çarçaf

penutup tilam

kuvertë

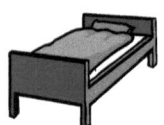

katil

krevat

penyapu

fshesë dore

timba

kovë

suis

çelës

ruang tamu
dhomë ndenjeje

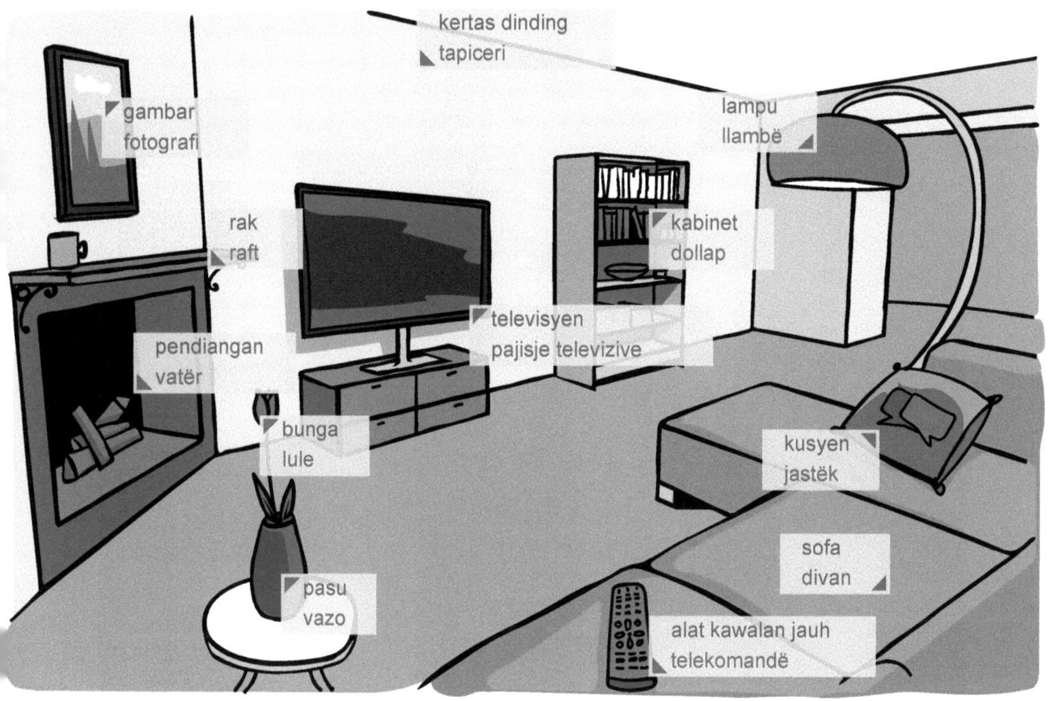
kertas dinding
tapiceri
gambar
fotografi
lampu
llambë
rak
raft
kabinet
dollap
televisyen
pajisje televizive
pendiangan
vatër
bunga
lule
kusyen
jastëk
sofa
divan
pasu
vazo
alat kawalan jauh
telekomandë

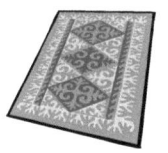

permaidani

qilim

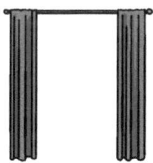

tirai

perde

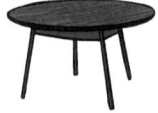

meja

tavolinë

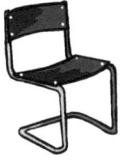

kerusi

karrige

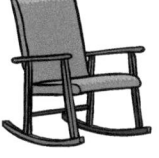

kerusi malas

karrige lëkundëse

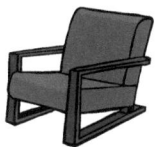

kerusi

kolltuk

buku
....
libri

selimut
....
batanije

hiasan
....
zbukurime

kayu api
....
dru zjarri

filem
....
film

hi-fi
....
stereo

kunci
....
çelës

akhbar
....
gazetë

lukisan
....
pikturë

poster
....
afishe

radio
....
radio

buku catatan
....
bllok shënimesh

penyedut habuk
....
fshesë me korent

kaktus
....
kaktus

lilin
....
qiri

dapur
kuzhinë

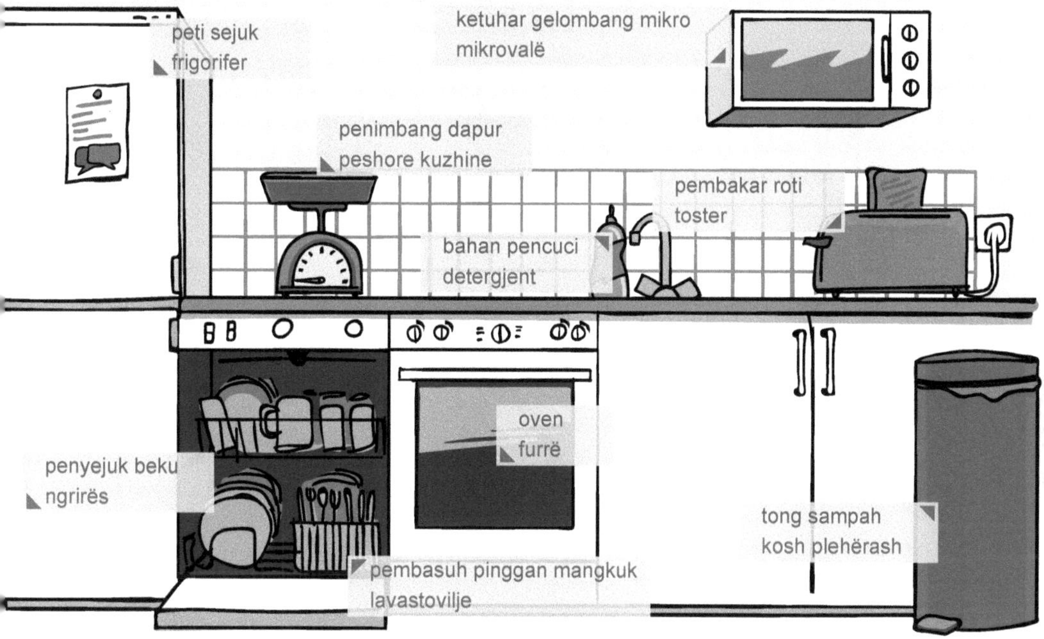
peti sejuk
frigorifer
ketuhar gelombang mikro
mikrovalë
penimbang dapur
peshore kuzhine
pembakar roti
toster
bahan pencuci
detergjent
oven
furrë
penyejuk beku
ngrirës
tong sampah
kosh plehërash
pembasuh pinggan mangkuk
lavastovilje

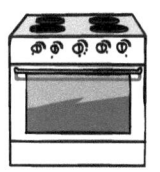

periuk dapur

sobë

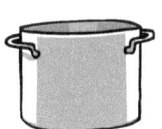

periuk

tenxhere

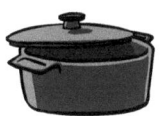

periuk besi

tenxhere me kapak

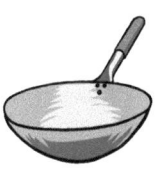

kuali

tigan special (Wok)

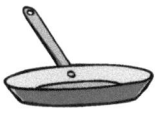

pan

tigan

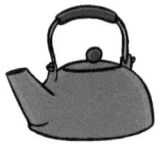

cerek

çajnik

pengukus
tenxhere me avull

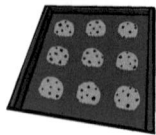

dulang pembakar
tavë pjekjeje

pinggan mangkuk
enë

koleh
filxhan

mangkuk
tas

penyepit
shkopinj

senduk
garuzhde

spatula
spatul

pengadun
tel kuzhine

penapis
kulluese

ayak
sitë

pemarut
rende

mortar
havan

barbeku
skarë

pembakaran terbuka
zjarr

papan pencincang

dërrasë për prerje

pin golekan

okllai

skru gabus

heqëse tapash

tin

kanaçe

pembuka tin

hapëse kanaçeje

pemegang periuk

rrobë për të kapur
tenxheren

sinki

lavaman

berus

furçë

span

sfungjer

pengisar

përzjerës

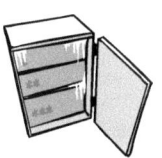

penyejuk beku

ngrirës

botol bayi

biberon për lëngje

paip

rubinet

bilik air

tualet

pemanasan
ngrohje
tuala
peshqirë
mandi
dush
tirai mandi
perde dushi
mandi buih
vaskë me shkumë
tab mandi
vaskë
gelas
gotë
mesin basuh
lavatriçe
paip
rubinet
jubin
pllaka
tandas
oturak
sinki
lavaman

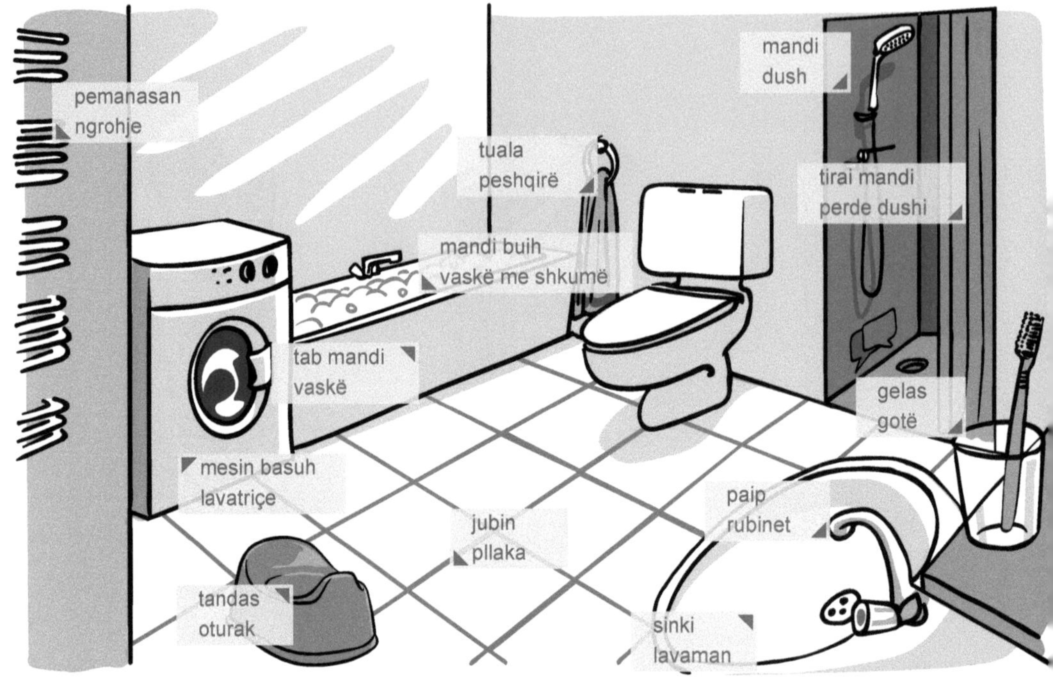

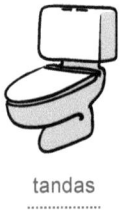

tandas

tualet

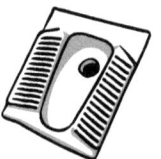

tandas mencangkung

WC e sheshtë

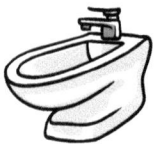

mangkuk tandas

bide

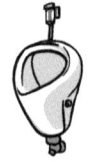

tandas awam

tualet publik

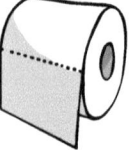

kertas tandas

letër higjienike

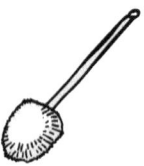

berus tandas

furçe për WC

berus gigi

furçë dhëmbësh

ubat gigi

pastë dhëmbësh

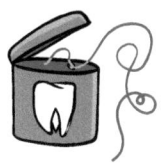

flos gigi

fije dentare

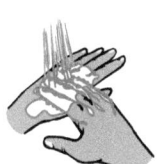

cuci

laj

mandian tangan

dorezë dushi

pancuran

larës për zonën intime

besen

legen

belakang berus

furçë për masazh shpine

sabun

sapun

gel mandian

shampo trupi

syampu

shampo

flanel

leckë pastruese

longkang

kullues

krim

krem

deodoran

antidjersë

cermin

pasqyrë

cermin tangan

pasqyrë dore

pisau cukur

brisk rroje

busa cukur

shkumë rroje

selepas cukur

locion pas rrojes

sikat

krehër

berus

furçë

pengering rambut

tharëse flokësh

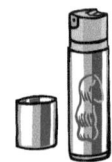

semburan rambut

llak për flokët

mekap

grim

gincu

buzëkuq

varnis kuku

manikyr

bulu kapas

mbushje pambuku

gunting kuku

gërshërë për thonj

pewangi

parfum

beg basuhan

çantë për sendet personale

bangku

Stol

skala berat

peshore

jubah mandi

robëdëshambër

sarung tangan getah

dorashka gome

kapas

tampon

tuala wanita

peceta higjienike

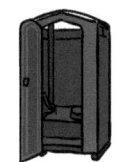

tandas kimia

tualet I lëvizshëm

bilik kanak-kanak
dhomë fëmijësh

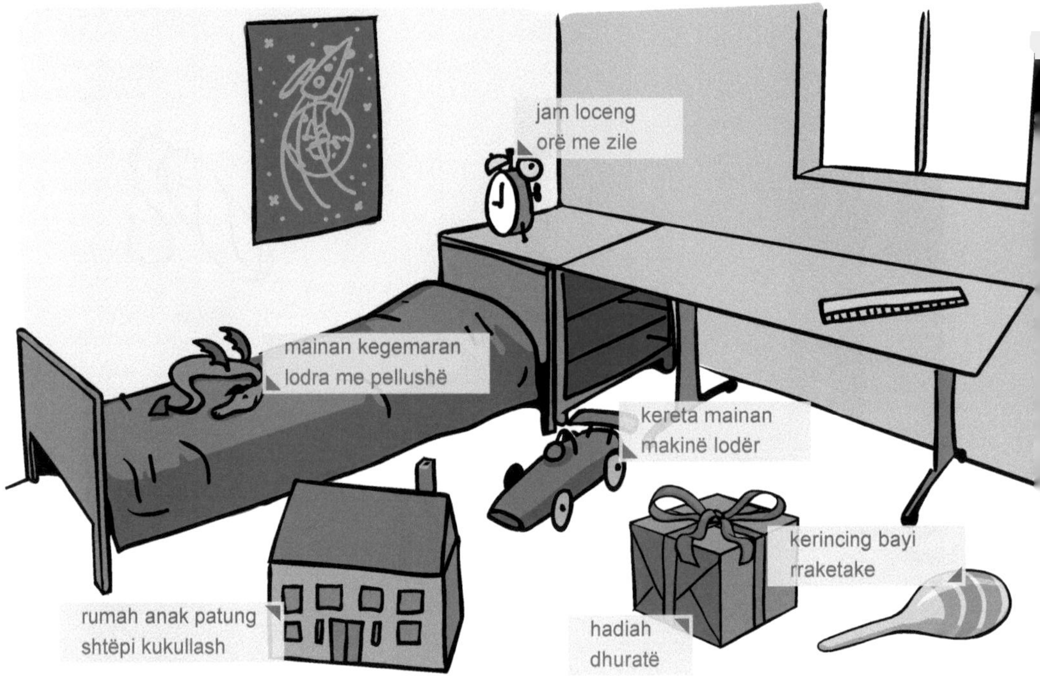
jam loceng
orë me zile
mainan kegemaran
lodra me pellushë
kereta mainan
makinë lodër
kerincing bayi
rraketake
rumah anak patung
shtëpi kukullash
hadiah
dhuratë

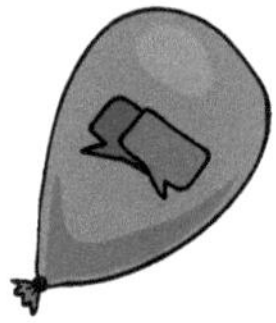

belon
tollumbace

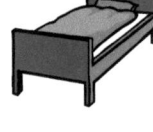

katil
krevat

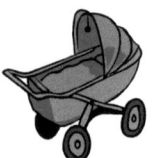

kereta sorong bayi
karrocë fëmijësh

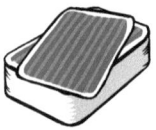

set kad
lojë me letra

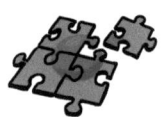

susun suai gambar
bashkim pjesësh me figura

SUPER MEGA

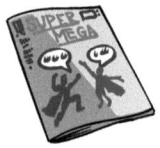

komik
komik

batu bata lego

formuese lodër

blok mainan

kuba plastikë

figura aksi

lodra

baju bayi

badi

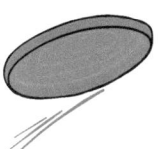

frisbee

frizbi

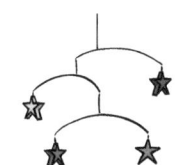

mainan bayi mudah alih

lodra të varura tek krevati i fëmijëve

permainan papan

tavolinë lojërash

dadu

zare

set model kereta api

model treni

palsu

biberon

parti

festë

buku bergambar

libër me ilustrime

bola

top

anak patung

kukull

main

luaj

lubang pasir

grumbull rëre

buai

kolovarëse

mainan

lodra

konsol permainan video

leva për lojra video

basikal roda tiga

triçikël

anak patung beruang

arush prej pellushi

almari pakaian

garderobë

pakaian

veshje

stoking

çorape

stoking

çorape të gjata

ketat

geta

skarf
shall

payung
çadër

kemeja-t
bluzë pa jakë

g/keselamatan

but
çizme

selipar
pantofla

kasut sukan
atlete

sandal
sandale

kasut
këpucë

but getah
çizme llastiku

seluar dalam
të mbathura

coli
reçipeta

ves
kanotierë

badan
trup

Seluar panjang
pantallona

jean
xhinse

skirt
fund

blaus
bluzë

kemeja
këmishë

baju panas sarung
pulovër

sweater
triko

blazer
xhaketë

jaket
xhaketë

kot
pallto

baju hujan
mushama shiu

kostum
kostum

pakaian
fustan

baju pengantin
fustan nusërie

sut

kostum

baju tidur

këmishë nate

baju tidur

pizhama

sari

sari (veshje tradicionale indiane)

skarf kepala

shami koke

serban

çallmë

burqa

veshje për femrat e besimit musliman

kaftan

kaftan (lloj veshjeje tradicionale)

abaya/jubah

ferexhe

baju renang

kostum banje

seluar renang

rroba banje

seluar pendek

pantallona të shkurtra

sut balapan

tuta sporti

apron

përparëse

sarung tangan

dorashka

butang

kopsë

cermin mata

syze

gelang tangan

byzylyk

rantai leher

gjerdan

cincin

unazë

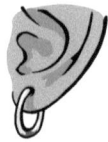

subang

vath

topi

kapuç

penyangkut kot

varëse për pallto

topi

kapele

tali leher

kravatë

zip

zinxhir

topi keledar

helmetë

pendakap

tiranda

uniform sekolah

uniformë shkolle

seragam

uniformë

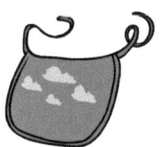

lapik dada

gushore

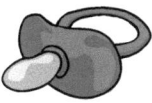

palsu

biberon

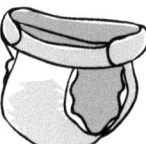

lampin

pelenë

pejabat
zyrë

pelayan
server
kabinet fail
skedar
kertas
letër
mesin pencetak
printer
monitor
ekran
tetikus
maus
meja
tavolinë
folder
dosje
papan kekunci
tastierë
bakul sampah
kosh letrash
komputer
kompjuter
kerusi
karrige

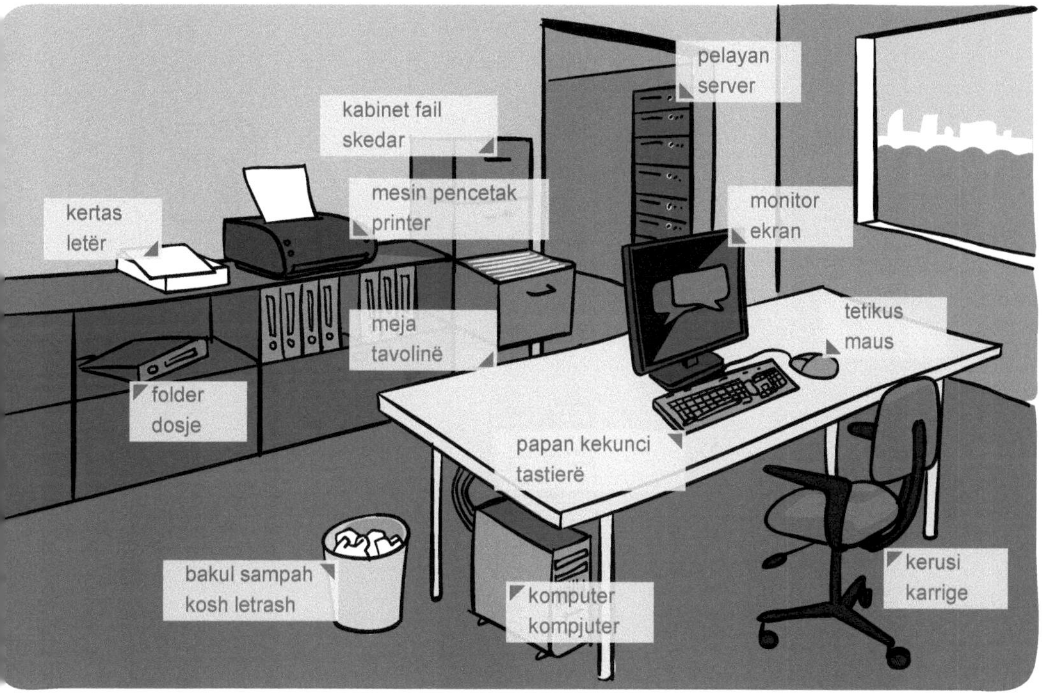

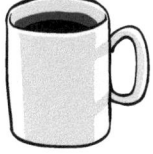

cawan kopi

filxhan kafeje

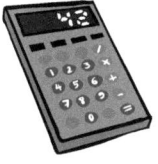

kalkulator

makinë llogaritëse

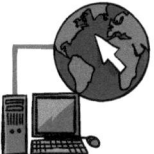

internet

internet

komputer riba

kompjuter portativ

surat

letër

mesej

mesazh

mudah alih

telefon

rangkaian

rrjet

mesin fotokopi

fotokopje

perisian

program

telefon

telefon

soket plag

prizë

mesin faks

pajisje faksi

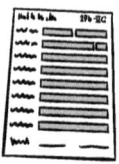

bentuk

formular

dokumen

dokument

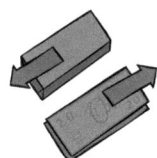

beli
....
blej

bayar
....
paguaj

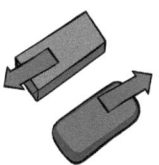

berdagang
....
tregtoj

wang
....
para

dolar
....
dollar

euro
....
euro

yen
....
jen

rubel
....
rubla

franc swiss
....
franga zvicerane

renminbi yuan
....
juani kinez

rupee
....
rupje

mata tunai
....
bankomat

pejabat tukaran mata wang

pikë këmbimi valutor

emas

ar

perak

argjend

minyak

nafta

tenaga

energji

harga

çmim

kontrak

kontratë

cukai

taksë

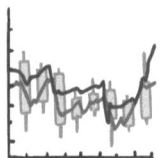

stok

aksione

kerja

punoj

pekerja

punonjës

majikan

punëdhënës

kilang

fabrikë

kedai

dyqan

pekerjaan
profesionet

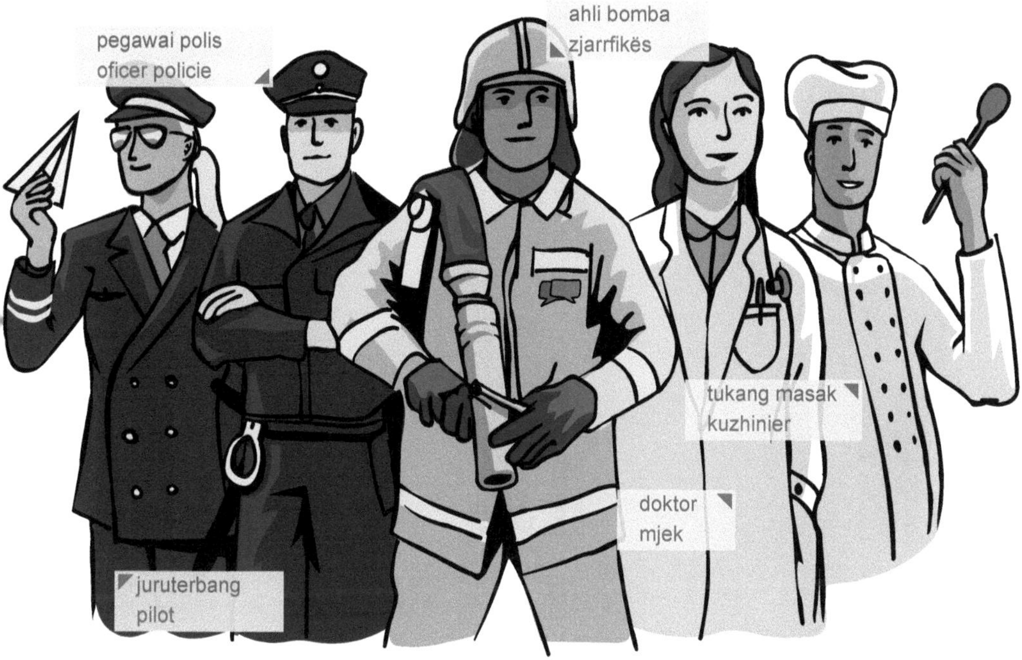
pegawai polis
oficer policie
ahli bomba
zjarrfikës
tukang masak
kuzhinier
doktor
mjek
juruterbang
pilot

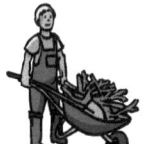

tukang kebun
kopshtar

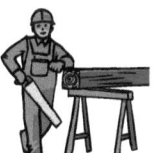

tukang kayu
marangoz

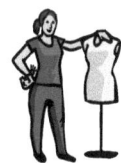

tukang jahit
rrobaqepëse

hakim
gjykatës

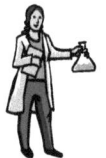

ahli kimia
kimist

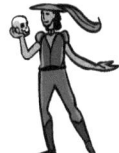

pelakon
aktor

pemandu bas

shofer autobuzi

pemandu teksi

taksist

nelayan

peshkatar

wanita pencuci

pastruese

kasau

riparues çatish

pelayan

kamarier

pemburu

gjuetar

pelukis

piktor

bakeri

furrxhi

juruelektrik

elektriçist

pembangun

ndërtues

jurutera

inxhinier

penjual daging

kasap

tukang paip

hidraulik

posmen

postieri

askar

ushtar

arkitek

arkitekt

juruwang

arkëtar

kedai bunga

luleshitës

pendandan rambut

berber

konduktor

kontrollor

mekanik

mekanik

kapten

kapiten

doktor gigi

dentist

ahli sains

shkencëtar

tuhanku

rabin

imam

imam

sami

murg

paderi

klerik

alat
mjete

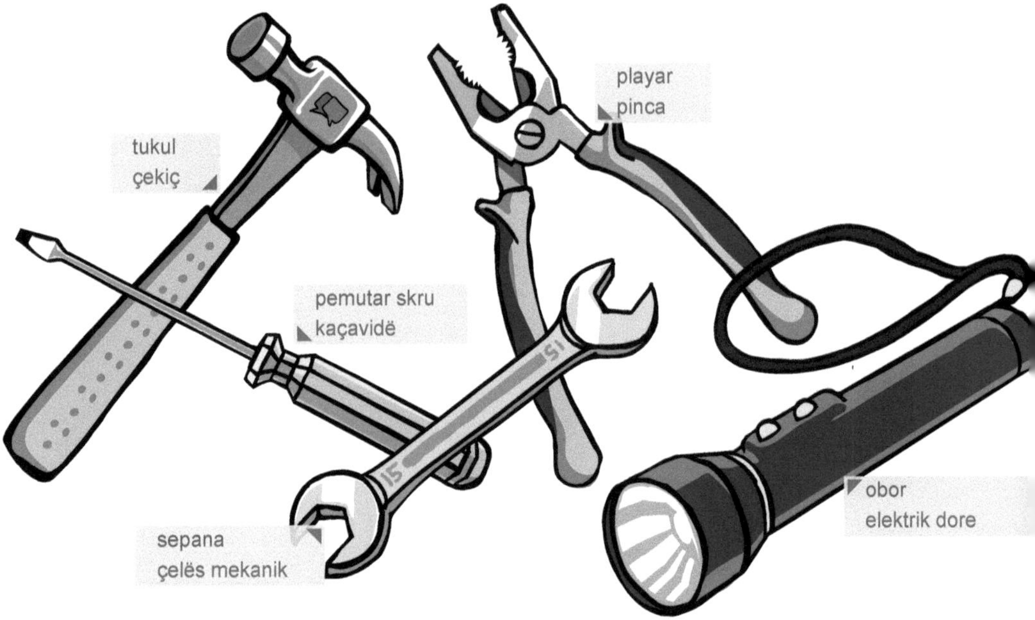
tukul
çekiç
playar
pinca
pemutar skru
kaçavidë
sepana
çelës mekanik
obor
elektrik dore

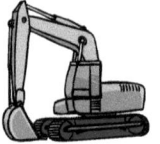

pengorek

ekskavator

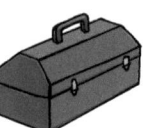

kotak peralatan

kuti veglash

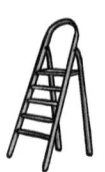

tangga

shkallë

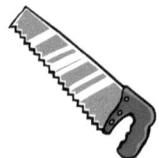

gergaji

sharrë

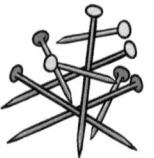

kuku

gozhdë

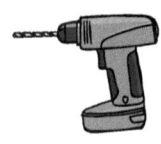

gerudi

trapan

baiki

riparoj

penyodok

lopatë

Celaka!

Dreq!

penadah sampah

kaci

periuk cat

kuti boje

skru

vidhë

alat muzik

instrumenta muzikorë

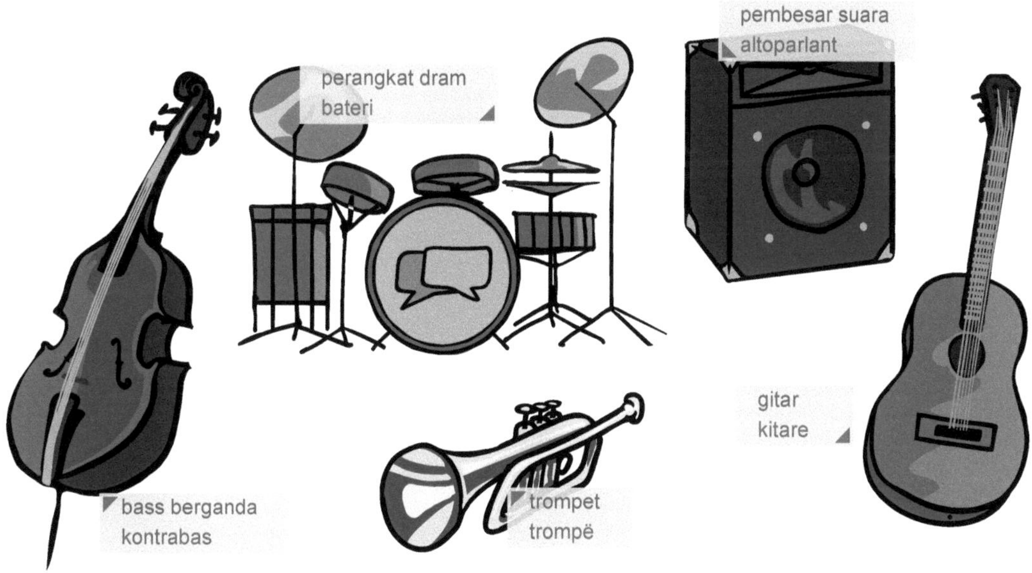

perangkat dram
bateri

pembesar suara
altoparlant

bass berganda
kontrabas

trompet
trompë

gitar
kitare

piano

piano

biola

violinë

bass

bas

timpani

tamburë

dram

daulle

papan kekunci

tastierë pianoje

saksofon

saksofon

seruling

flaut

mikrofon

mikrofon

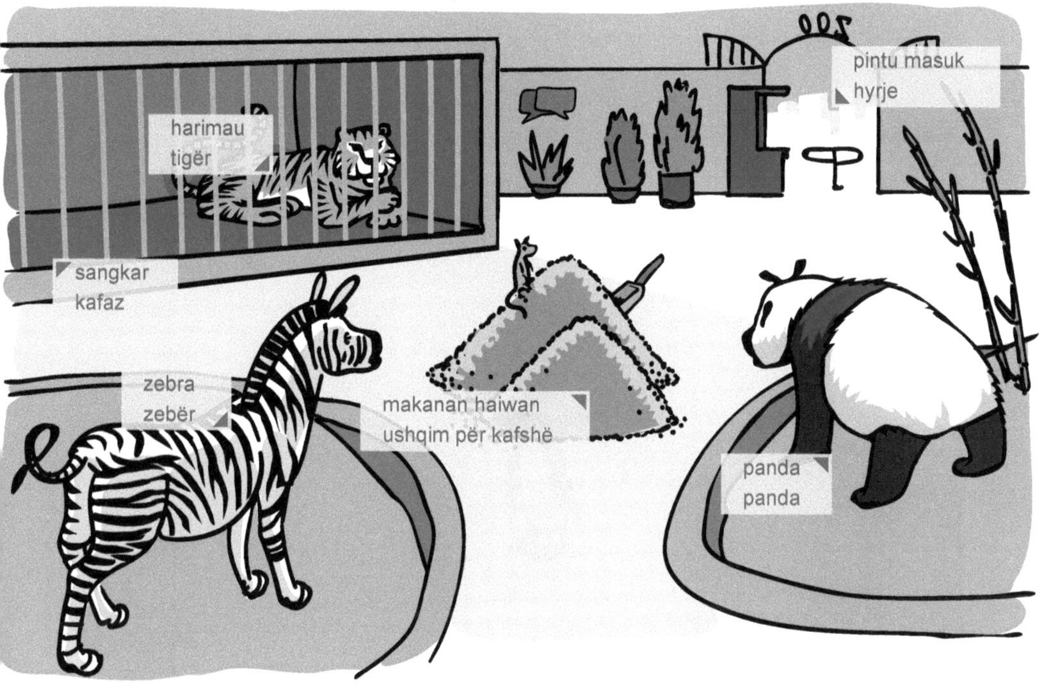

pintu masuk
hyrje

harimau
tigër

sangkar
kafaz

zebra
zebër

makanan haiwan
ushqim për kafshë

panda
panda

haiwan
kafshë

gajah
elefant

kanggaru
kangur

badak sumbu
rinoceront

gorila
gorillë

beruang
ari

unta
deve

burung unta
struc

singa
luan

monyet
majmun

flamingo
flamingo

nuri
papagall

beruang kutub
ari polar

penguin
pinguin

yu
peshkaqen

merak
pallua

ular
gjarpër

buaya
krokodil

penjaga zoo
punonjës i kopshtit zoologjik

anjing laut
fokë

jaguar
xhaguar

kuda

poni

harimau

leopard

badak air

hipopotam

zirafah

gjirafë

helang

shqiponjë

babi jantan

derr i egër

ikan

peshk

penyu

breshkë

anjing laut

lopë deti

musang

dhelpër

rusa

gazelë

bola sepak Amerika
futboll amerikan

berbasikal
çiklizëm

tenis
tenis

bola keranjang
basketboll

renang
not

hoki ais
hokej mbi akull

tinju
boks

bola sepak
futboll

badminton
badminton

olahraga
atletikë

bola baling
hendboll

ski
ski

polo
polo

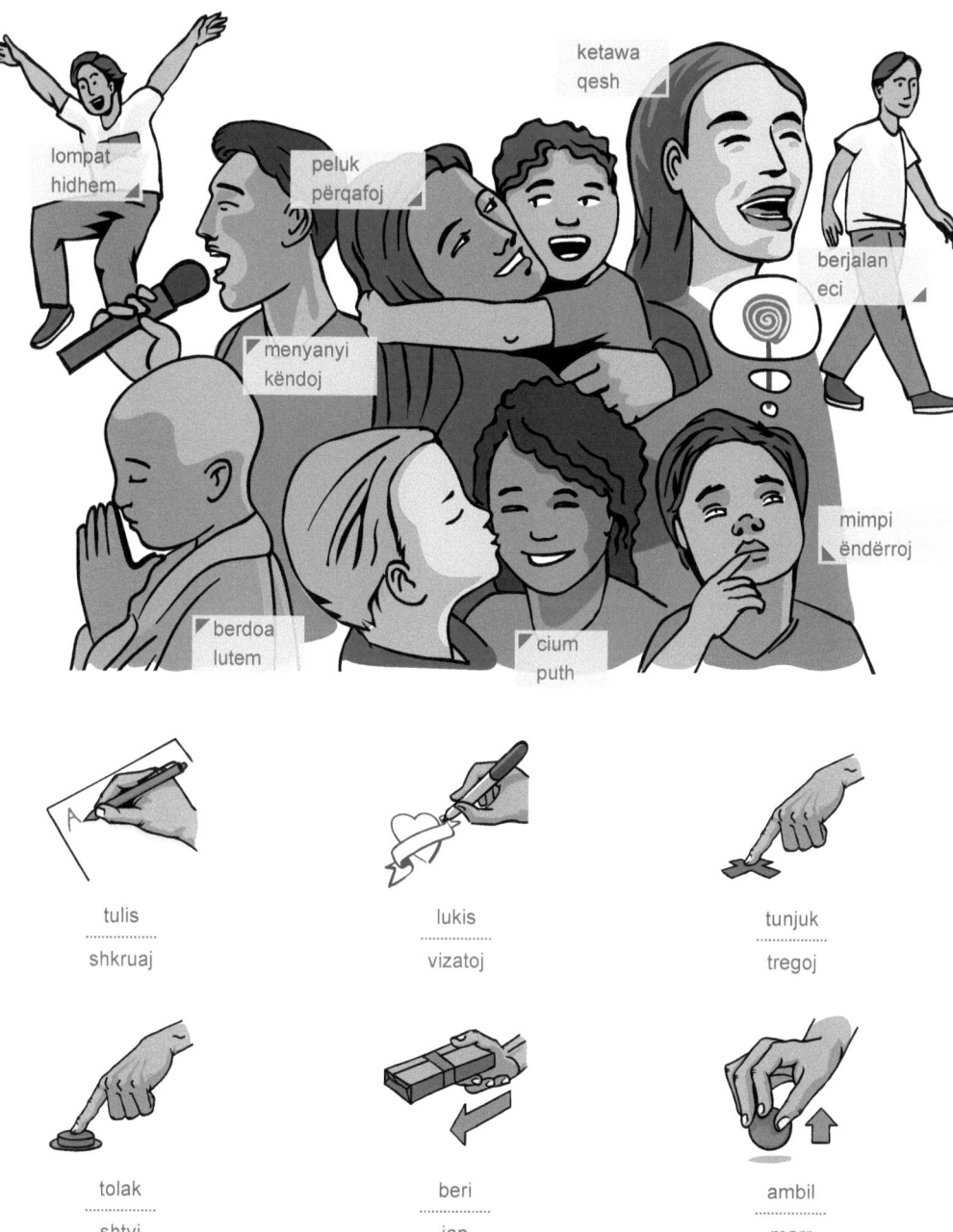

ketawa
qesh

lompat
hidhem

peluk
përqafoj

berjalan
eci

menyanyi
këndoj

mimpi
ëndërroj

berdoa
lutem

cium
puth

tulis
shkruaj

lukis
vizatoj

tunjuk
tregoj

tolak
shtyj

beri
jap

ambil
marr

ada
kam

buat
bëj

ialah
jam

berdiri
qëndroj

lari
vrapoj

tarik
tërheq

buang
hedh

jatuh
bie

tipu
shtrihem

tunggu
pres

bawa
mbaj

duduk
ulem

pakai
vishem

tidur
fle

bangkit
zgjohem

lihat pada

shikoj

menangis

qaj

strok

përkëdhel

sikat

kreh

cakap

bisedoj

faham

kuptoj

tanya

kërkoj

dengar

dëgjoj

minum

pi

makan

ha

mengemas

sistemoj

sayang

dashuroj

masak

gatuaj

pandu

drejtoj makinën

terbang

fluturoj

belayar

lundroj

kira

llogaris

baca

lexoj

belajar

mësoj

kerja

punoj

nikah

martohem

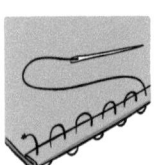

jahit

qep

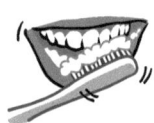

memberus gigi

laj dhëmbët

bunuh

vras

asap

tymos

hantar

dërgoj

keluarga
familje

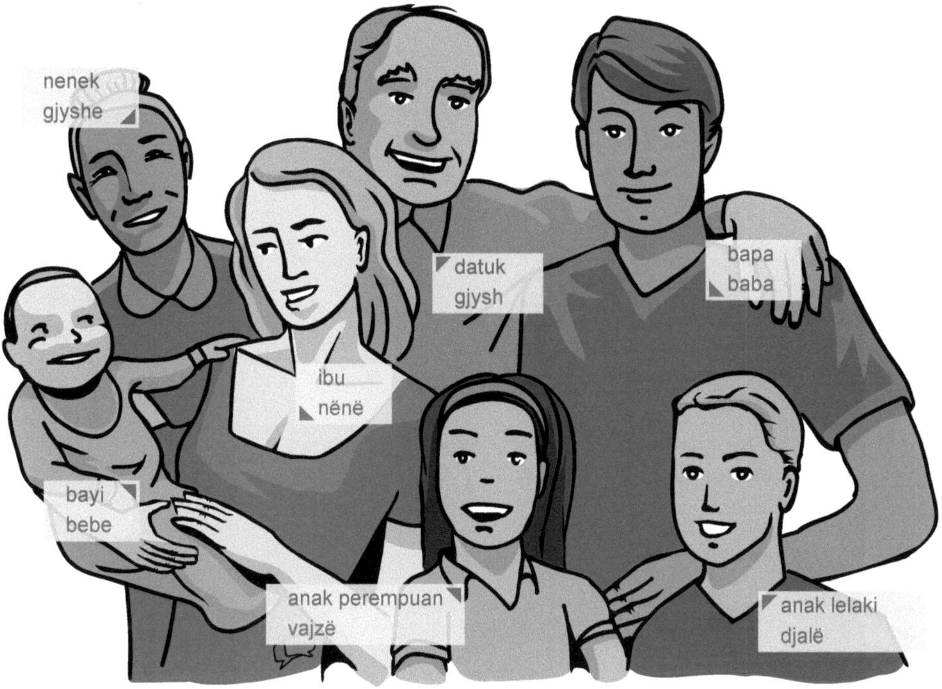
nenek
gjyshe
datuk
gjysh
bapa
baba
ibu
nënë
bayi
bebe
anak perempuan
vajzë
anak lelaki
djalë

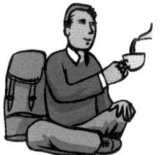

tetamu

mysafir

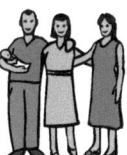

mak cik

teze, hallë

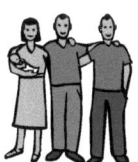

pak cik

dajë, xhaxha

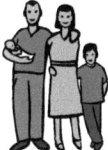

abang

vëlla

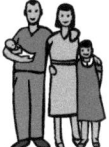

kakak

motër

badan
trupi

dahi
balli
mata
syri
muka
fytyra
dagu
mjekra
dada
kraherori
jari
gishti
tangan
dora
lengan
krahu
bahu
shpatulla
kaki
këmba

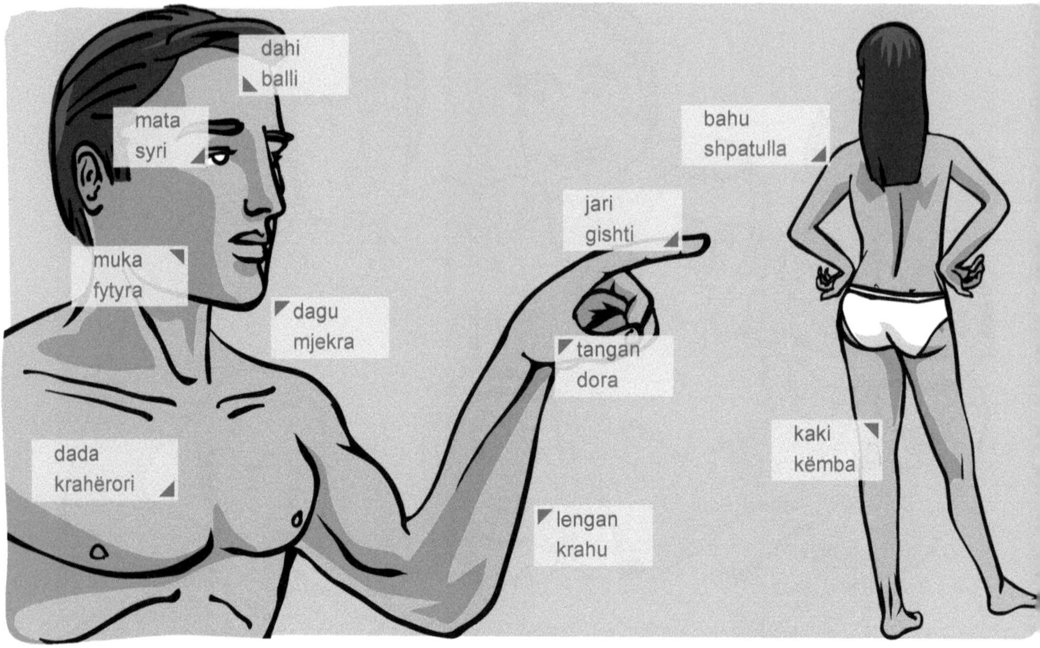

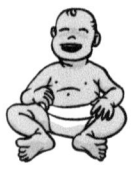

bayi
bebe

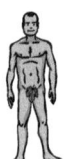

lelaki
burrë

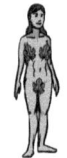

wanita
grua

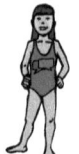

perempuan
vajzë

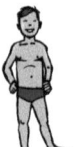

lelaki
djalë

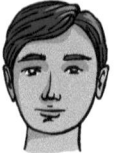

kepala
koka

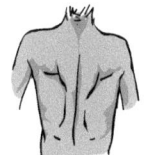

belakang
....
shpina

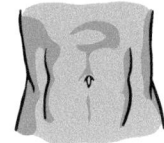

bawah perut
....
barku

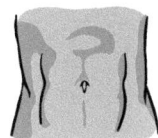

pusat
....
kërthiza

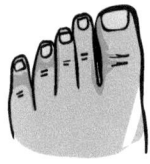

jari kaki
....
gisht këmbe

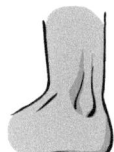

tumit
....
Thembra

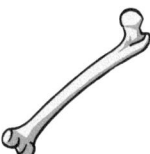

tulang
....
kockë

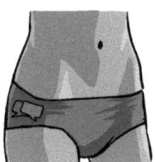

pinggul
....
legeni

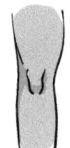

lutut
....
gjuri

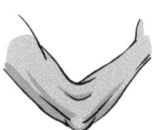

siku
....
bërryli

hidung
....
hunda

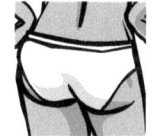

bawah
....
vithe

kulit
....
lëkura

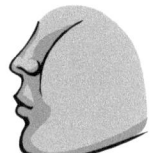

pipi
....
faqja

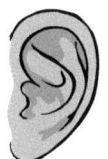

telinga
....
veshi

bibir
....
buza

badan - trupi

69

mulut
goja

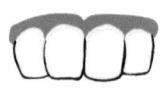

gigi
dhëmbët

lidah
gjuha

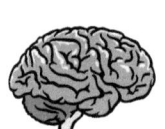

otak
truri

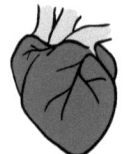

hati
zemra

otot
muskul

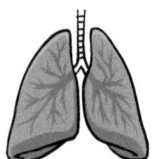

paru-paru
mushkëria

hati
mëlçia

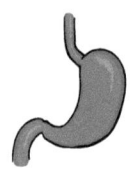

perut
stomaku

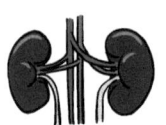

buah pinggang
veshka

seks
seks

kondom
prezervativ

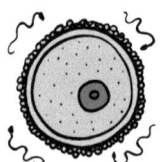

faraj
veza

mani
sperma

mengandung
shtatëzani

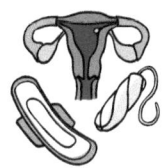

haid
menstruacione

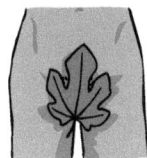

faraj
vagina

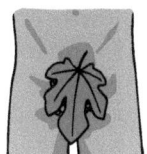

penis
penis

kening
vetulla

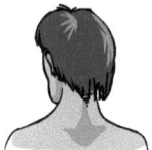

rambut
flokët

leher
qafa

hospital
spital

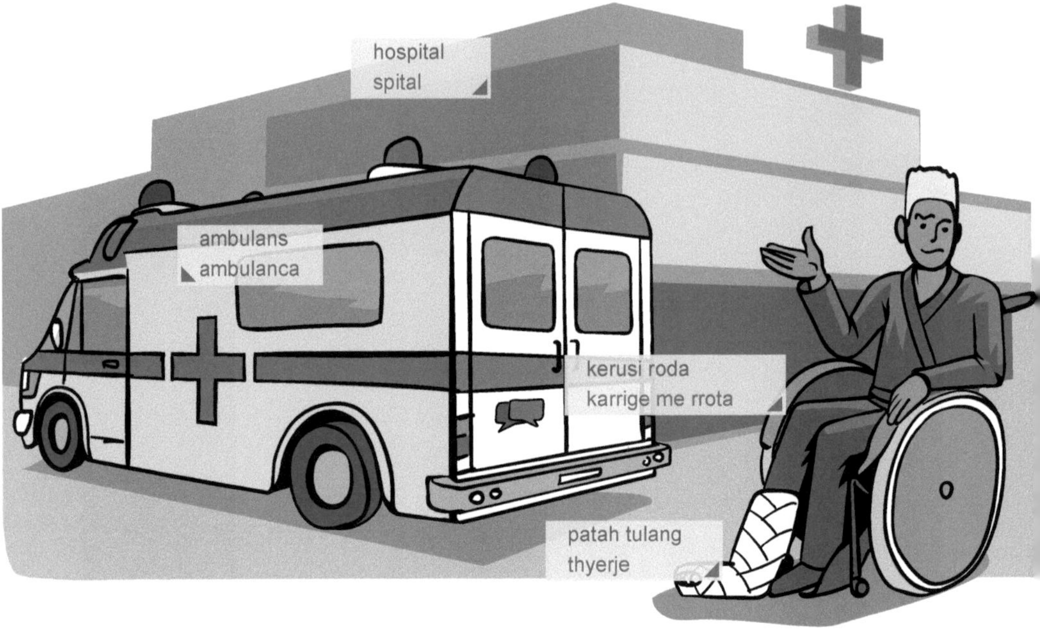

hospital
spital
ambulans
ambulanca
kerusi roda
karrige me rrota
patah tulang
thyerje

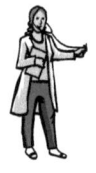

doktor

mjek

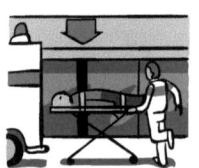

bilik kecemasan

sallë urgjencash

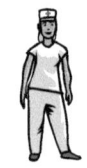

jururawat

infermiere

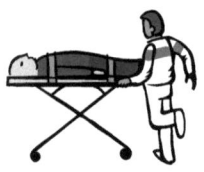

kecemasan

emergjencë

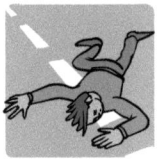

tak sedar

i pandërgjegjshëm

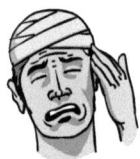

sakit

dhimbje

kecederaan

dëmtim

pendarahan

gjakosje

serangan jantung

infarkt

strok

goditje

alergi

alergji

batuk

kolla

demam

ethe

selesema

grip

cirit-birit

diarre

sakit kepala

dhimbje koke

kanser

kancer

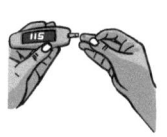

diabetes

diabet

pakar bedah

kirurg

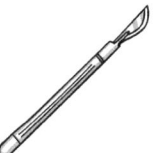

pisau bedah

bisturi

pembedahan

operacion

CT

CT (skaner)

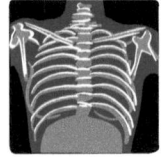

x-ray

radiografi

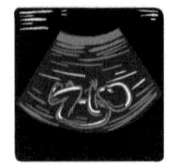

ultrabunyi

ultratingull

topeng muka

maskë fytyre

penyakit

sëmundje

bilik menunggu

dhomë pritjeje

penongkat

paterica

plaster

leukoplast

pembalut

fasho

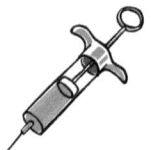

suntikan

injeksion

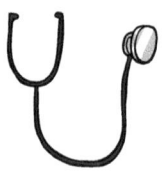

stetoskop

stetoskop

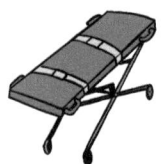

pengusung

barelë

termometer klinik

termometër

kelahiran

lindje

berat badan berlebihan

mbipeshë

alat pendengaran

aparat dëgjimi

disinfektan

dezinfektant

jangkitan

infeksion

virus

virus

HIV / AIDS

HIV / AIDS

perubatan

mjekësi, mjekim

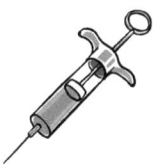

vaksinasi

vaksinim

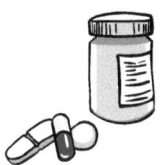

tablet

tableta

pil

pilulë

panggilan kecemasan

telefonatë emergjence

pantau tekanan darah

aparat tensioni

sakit / sihat

i sëmurë / i shëndetshëm

Tolong!

Ndihmë!

penggera

alarm

serang

sulm

serangan

atak

bahaya

rrezik

pintu kecemasan

dalje emergjence

Api!

Zjarr!

alat pemadam api

fikëse zjarri

kemalangan

aksident

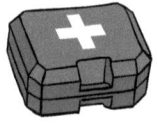

alat pertolongan cemas

kuti e ndimës së shpejtë

SOS

SOS

polis

policia

Eropah

Europa

Amerika Utara

Amerika e Veriut

Amerika Selatan

Amerika e Jugut

Afrika

Afrika

Asia

Azia

Australia

Australia

Atlantic

Atlantiku

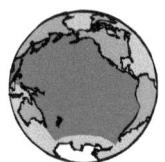

Pasifik

Paqësori

Lautan Hindi

Oqeani Indian

Lautan Antartik

Oqeani Antarktik

Lautan Artik

Oqeani Arktik

Kutub utara

Poli i veriut

Kutub Selatan

Poli i Jugut

Antartika

Antarktida

bumi

toka

tanah

tokë

laut

det

pulau

ishull

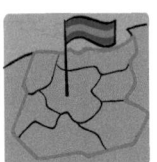

negara

komb

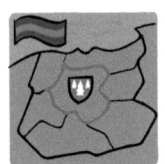

negeri

shtet

muka jam

fusha e orës

tangan jam

akrepi i orës

tangan minit

akrepi i minutave

terpakai

akrepi i sekondave

Jam berapa sekarang

Sa është ora?

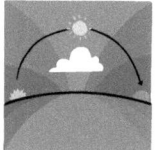

hari

ditë

masa

kohë

sekarang

tani

jam digital

orë dixhitale

minit

minutë

jam

orë

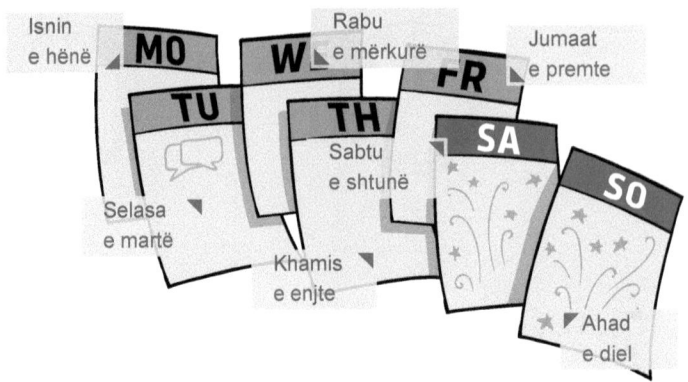

Isnin
e hënë — MO

W e mërkurë — Rabu

Jumaat
e premte — FR

TU — Selasa
e martë

TH — Sabtu
e shtunë

SA

SO

Khamis
e enjte

Ahad
e diel

semalam

dje

hari ini

sot

esok

nesër

pagi

mëngjes

tengah hari

mesditë

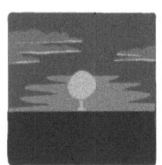

petang

mbrëmje

hari kerja

ditë pune

hari minggu

fundjavë

tahun
vit

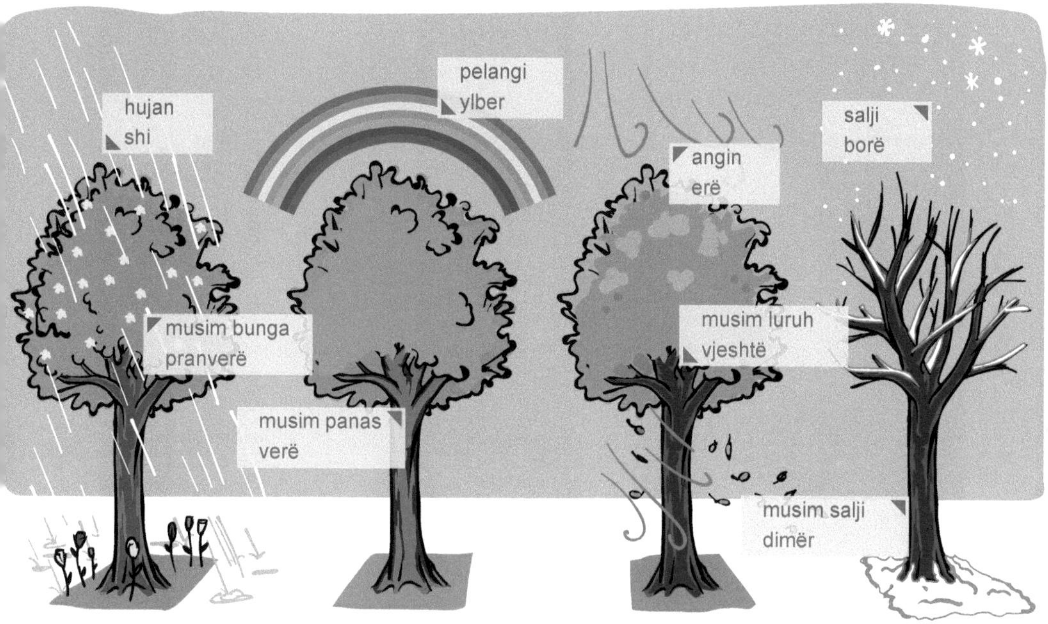
hujan
shi
pelangi
ylber
angin
erë
salji
borë
musim bunga
pranverë
musim luruh
vjeshtë
musim panas
verë
musim salji
dimër

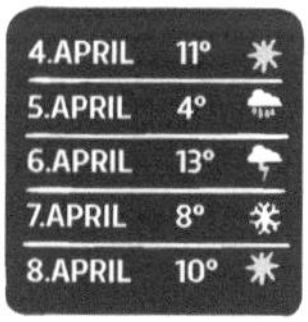
4.APRIL 11°
5.APRIL 4°
6.APRIL 13°
7.APRIL 8°
8.APRIL 10°

ramalan cuaca

parashikimi i motit

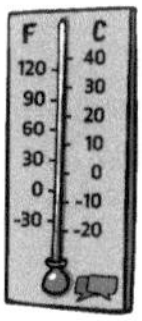
F C
120 40
90 30
60 20
30 10
0 0
-30 -10
-20

termometer

termometër

sinar matahari

ndriçim dielli

awan

re

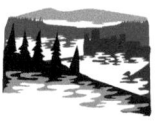

kabus

mjegull

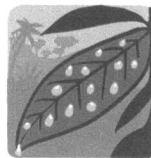

lembapan

lagështi

kilat
....
vetëtima

petir
....
gjëmim

ribut
....
stuhi

hujan batu
....
breshër

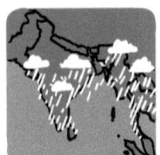

monsun
....
muson

banjir
....
përmbytje

ais
....
akull

Januari
....
janar

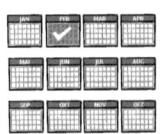

Februari
....
shkurt

Mac
....
mars

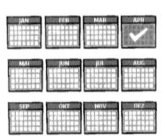

April
....
prill

Mei
....
maj

Jun
....
qershor

Julai
....
korrik

Ogos
....
gusht

September
....
shtator

Oktober
....
tetor

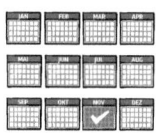

November
....
nëntor

Disember
....
dhjetor

bentuk

forma

bulatan
....
rreth

petak
....
katror

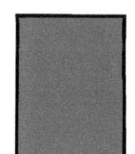

segi empat tepat
....
drejtkëndësh

segitiga
....
trekëndësh

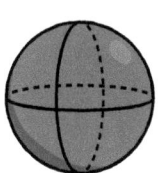

sfera
....
sferë

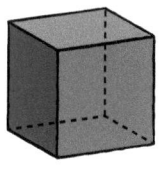

kiub
....
kub

putih
....
e bardhë

kuning
....
e verdhë

oren
....
portokalli

merah jambu
....
rozë

merah
....
e kuqe

ungu
....
vjollcë

biru
....
blu

hijau
....
e gjelbër

coklat
....
kafe

kelabu
....
gri

hitam
....
e zezë

banyak / sedikit

shumë / pak

marah / tenang

i nevrikosur / i qetë

cantik / hodoh

i bukur / i shëmtuar

bermula / tamat

fillim / fund

besar kecil

i madh / i vogël

terang / gelap

i ndritshëm / i errët

abang / kakak

vëlla / motër

bersih / kotor

e pastër / e pistë

lengkap / tidak lengkap

e plotë / jo e plotë

hari / malam

ditë / natë

mati / hidup

gjallë / vdekur

luas / sempit

i gjerë / i ngushtë

boleh dimakan / tidak boleh dimakan

i ngrënshëm / i pangrënshëm

jahat / baik

i keq / i këndshëm

teruja / bosan

i lumtur / i mërzitur

gemuk / kurus

i shëndoshë / i dobët

pertama / terakhir

e para / e fundit

kawan / musuh

mik / armik

penuh / kosong

plot / bosh

keras / lembut

e fortë / e butë

berat / ringan

e rëndë / e lehtë

lapar / dahaga

uri / etje

sakit / sihat

i sëmurë / i shëndetshëm

menyalahi undang-undang / undang-undang

e paligjshme / e ligjshme

pintar / bodoh

i zgjuar / budalla

kiri / kanan

majtas / djathtas

dekat / jauh

afër / larg

baru / lama

e re / e përdorur

tiada / sesuatu

asgjë / diçka

tua / muda

i moshuar / i ri

hidup / mati

ndezur / fikur

terbuka / tertutup

hapur / mbyllur

diam / bising

i qetë / i zhurmshëm

kaya / miskin

i pasur / i varfër

betul / salah

e drejtë / e gabuar

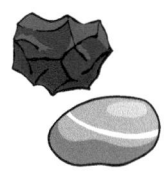

kasar / halus

i ashpër / i butë

sedih / gembira

i mërzitur / i lumtur

pendek / panjang

i shkurtër / i gjatë

lambat / laju

ngadalë / shpejt

basah / kering

i lagësht / i thatë

panas / sejuk

ngrohtë / freskët

berperang / berdamai

luftë / paqe

numra

0

sifar

zero

1

satu

një

2

dua

dy

3

tiga

tre

4

empat

katër

5

lima

pesë

6

enam

gjashtë

7

tujuh

shtatë

8

lapan

tetë

9

sembilan

nentë

10

sepuluh

dhjetë

11

sebelas

njëmbëdhjetë

12

dua belas

dymbëdhjetë

13

tiga belas

trembëdhjetë

14

empat belas

katërmbëdhjetë

15

lima belas

pesëmbëdhjetë

16

enam belas

gjashtëmbëdhjetë

17

tujuh belas

shtatëmbëdhjetë

18

lapan belas

tetëmbëdhjetë

19

Sembilan belas

nentëmbëdhjetë

20

dua puluh

njëzetë

100

ratus

qind

1.000

ribu

mijë

1.000.000

juta

milion

gjuhët

Bahasa Inggeris
....
anglisht

Bahasa Inggeris Amerika
....
anglishte amerikane

Bahasa Cina Mandarin
....
kinezisht mandarin

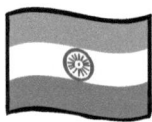

Bahasa Hindi
....
hindi

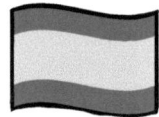

Bahasa Sepanyol
....
spanjisht

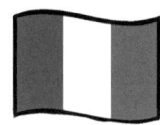

Bahasa Perancis
....
frëngjisht

Bahasa Arab
....
arabisht

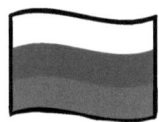

Bahasa Rusia
....
rusisht

Bahasa Portugis
....
portugalisht

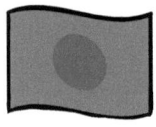

Bahasa Benggali
....
bengalisht

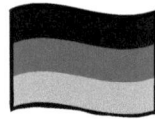

Bahasa Jerman
....
gjermanisht

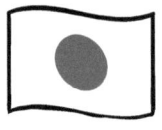

Bahasa Jepun
....
japonisht

saya

unë

anda

ti

dia / dia / ia

ai / ajo

kita

ne

anda

ju

mereka

ata

siapa?

kush?

apa?

çfarë?

bagaimana?

si?

di mana?

ku?

bila?

kur?

nama

emër

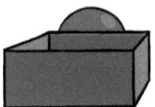

belakang

pas

dalam

në

di hadapan

përballë

lebih

sipër

pada

mbi

di bawah

poshtë

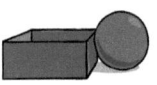

bersebelahan

pranë

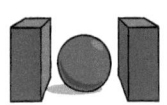

antara

midis

tempat

vend